TRANSPORT PICTURES

AGILE RABBIT EDITIONS   DISTRIBUTED BY THE PEPIN PRESS

TRANSPORT PICTURES

This book contains high-quality images for use as a graphic resource, or inspiration.
All the images are stored on the accompanying CD-ROM in professional-quality, high-resolution format and can be used on either Windows or Mac platforms. The images can be used free of charge, up to a maximum of ten images per application. For the use of more than ten images, written permission is required.

The documents can be imported directly from the CD-ROM into a wide range of layout, image-manipulation, illustration, and word-processing programmes; no installation is required. Many programmes allow you to manipulate the images. Please consult your software manual for further instructions.

The names of the files on the CD-ROM correspond with the page numbers in this book. Where applicable, the position on the pages is indicated: T = top, B = bottom, C = centre, L = left, and R = right.

The CD-ROM comes free with this book, but is not for sale separately. The publishers do not accept any responsibility should the CD not be compatible with your system.

Agile Rabbit Editions
P.O. Box 10349
1001 EH Amsterdam
The Netherlands
Fax (+) 31 20 4201152
mail@pepinpress.com

Dieses Buch enthält qualitativ hochwertige Bilder, die für Graphikanwendungen genutzt oder als Anregung herangezogen werden können. Alle Bilder sind in Profi-Qualität und hoher Auflösung auf der beiliegenden CD-ROM gespeichert und lassen sich sowohl auf Windows- als auch auf Macintosh-Systemen bearbeiten. Für jede von Ihnen erstellte Publikation dürfen Sie bis zu zehn Bilder kostenfrei nutzen. Für die Verwertung von mehr als zehn Bildern brauchen Sie eine schriftliche Genehmigung.

Die Dokumente kann man ohne vorherige Installation direkt von der CD-ROM in viele verschiedene DTP-, Bildbearbeitungs-, Illustrations- und Textverarbeitungsprogramme laden. In zahlreichen Programmen ist es möglich, die Bilder weiterzubearbeiten. Genauere Hinweise dazu finden Sie im Handbuch zu Ihrer Software.

Die Namen der Bilddateien auf der CD-ROM entsprechen den Seitenzahlen dieses Buchs. Soweit bei den Bildern die Position auf der jeweiligen Seite angegeben ist, bedeutet T (top) oben, B (bottom) unten, C (centre) Mitte, L (left) links und R (right) rechts.

Die CD-ROM wird kostenlos mit dem Buch geliefert und ist nicht separat verkäuflich. Der Verlag haftet nicht für Inkompatibilität der CD-ROM mit Ihrem System.

Agile Rabbit Editions
PO Box 10349
1001 EH Amsterdam
Niederlande
Fax (+) 31 20 420 11 52
mail@pepinpress.com

Cet ouvrage renferme des images de haute qualité destinées à un usage graphique ou
comme source d'inspiration. Toutes ces images de qualité professionnelle sont
stockées en haute résolution sur le CD-ROM et sont utilisables sur des plate-formes mac ou
windows. Jusqu'à un maximum de dix images par application, l'emploi de ces images est
gratuit, au-delà de dix une permission écrite est nécessaire.

Les documents peuvent être directement importés depuis le CD-ROM vers une large variété
de programmes: mise en page, manipulation d'images, illustration et traîtement de textes,
il n'y a pas d'installation nécessaire. De nombreux programmes permettent la manipulation
d'images. Pour de plus amples informations, veuillez consulter la documentation
accompagnant vos logiciels.

Les titres des dossiers sur le CD-ROM correspondent aux numéros des pages du livre. Là ou
c'est applicable, la position des images sur les pages est indiquée de la façon suivante:
T (top) = haut, B (bottom) = bas, C (centre) = centre, L (left) =gauche, et
R (right) = droite.

Ce CD-ROM gratuit accompagne le livre et ne peut être vendu séparément. Les éditeurs ne
sont pas responsables si le CD-ROM n'est pas compatible avec votre système.

Agile Rabbit Editions
PO Box 10349
1001 EH AMSTERDAM
Pays-Bas
Fax (+) 31 20 4201152
mail@pepinpress.com

Questo libro contiene immagini di alta qualità disponibili per uso grafico o come fonte di ispirazione. Tutte le immagini, di qualità professionale, sono contenute nel CD-ROM in formato "alta risoluzione" e possono essere utilizzate sia in ambiente Windows che Mac. Le immagini sono riproducibili liberamente fino ad un massimo di dieci per applicazione. Per la riproduzione di più di dieci immagini è necessaria l'autorizzazione scritta dell'editore.

I documenti possono essere importati direttamente dal CD-ROM in una vasta gamma di compositori di pagina, di manipolatori di immagini, illustrazioni e programmi di testo. Non è necessaria nessuna installazione. Molti programmi permettono di elaborare le immagini. Per maggiori istruzioni a riguardo vi preghiamo di consultare il manuale del vostro programma.

I nomi dei files contenuti nel CD-ROM corrispondono ai numeri delle pagine del libro. Ove necessario è indicata anche la posizione dell'immagine all'interno della pagina mediante i seguenti codici: T (top) = Alto, B (bottom) = Basso, C (centre) = Centro, L (left) = Sinistra, R (right) = Destra.

Il CD-ROM è un supplemento gratuito al libro e non può essere venduto separatamente. L'editore non è in nessun modo responsabile dell'eventuale incompatibilità del CD-ROM con i programmi utilizzati.

Agile Rabbit Editions
P.O. Box 10349
1001 EH Amsterdam
Paesi Bassi
Fax (+) 31 20 4201152
mail@pepinpress.com

Este libro contiene imágenes de gran calidad que pueden usarse como ilustraciones o como fuente de inspiración. Todas ellas, guardadas en un formato de alta resolución y calidad profesional, están almacenadas en el CD-ROM que se facilita y son compatibles tanto con la plataforma Windows como Mac. Las imágenes pueden utilizarse sin ningún coste adicional, hasta un máximo de diez por aplicación. En el caso de exceder esta cantidad, se precisará un permiso por escrito.

Los documentos pueden importarse del CD-ROM directamente a un amplio abanico de programas de maquetación, manipulación de imágenes, ilustraciones y tratamiento de texto sin necesidad de llevar a cabo instalaciones. Son muchos los programas que permiten manipular las imágenes. Para obtener instrucciones al respecto, consulte el manual de la aplicación.

Los nombres de los archivos contenidos en el CD-ROM se corresponden con el número de páginas del libro. En algunos casos se indica la posición dentro de la página del siguiente modo: T (top) = arriba, B (bottom) = abajo, C (centre) = centro, L (left) = izquierda y R (right) = derecha.

El CD-ROM se adjunta de forma gratuita con el libro y no puede venderse por separado. La editorial no se hace responsable en caso de incompatibilidad del CD con el sistema que utilice.

Agile Rabbit Editions
Apartado de correos 10349
1001 EH Amsterdam
Países Bajos
Fax (+) 31 20 4201152
mail@pepinpress.com

本書包含高品質影像,可用於製作圖形或啟發創意。
所有影像均以高分辨率格式儲存在隨附的雷射碟中,品質達到專業
水準,可用於視窗和 MAC 平臺。這些影像可以免費使用,但每項應
用最多不超過十幅影像。如果要超過十幅,需事先獲得書面許可。

文件可以直接從雷射碟輸入應用程式,可配合多種頁面佈局、影像
處理、插圖和文字處理程式,無需裝設。可以使用多種程式,處理
影像。操作步驟,請查閱有關軟體說明書。

雷射碟中檔案名與本書頁號相符,在頁面上的具體位置用下列字母
表示: T = 上端、 B = 下端、 C = 中央、 L = 左、 R = 右。

雷射碟隨書奉送,不可單獨出售。如果雷射碟與閣下電腦系統不相
容,出版商概不負責。

Agile Rabbit Editions
P.O. Box 10349
1001 EH Amsterdam
The Netherlands
Fax (+) 31 20 4201152
mail@pepinpress.com

本書掲載の画像はグラフィック用やアイデア用の高質画像です。全ての画像は
添付のCD-ROMにプロフェッショナルクオリティ、高解像度にて収録されて
おり、ウィンドウズ、マックのどちらでも使用できます。画像は、アプリケー
ションにつき10個まで無料でご使用いただけます。これを超える数について
は、書面による承諾が必要です。

ファイルはCD-ROMからページレイアウト、イメージ操作、イラスト、
ワープロソフトといったいろいろなソフトに直接呼び出すことができます。
インストールは不要です。この画像のイメージ操作ができるソフトがたくさん
あります。詳しくはご使用のソフトの説明書をお読みください。

CD-ROM収録ファイルのファイル名は本書のページナンバーに対応しています。
ページ上の位置はT = 上、B = 下、C = 中央、L = 左、R = 右で記してあります。

CD-ROMは本書の無料付録であり、別売は不可とします。
CDがご使用のシステムに対応しない場合について、出版社は一切の責任を
負いかねますので、ご了承ください。

Agile Rabbit Editions
P.O. Box 10349
1001 EH Amsterdam
The Netherlands
Fax (+) 31 20 4201152
mail@pepinpress.com

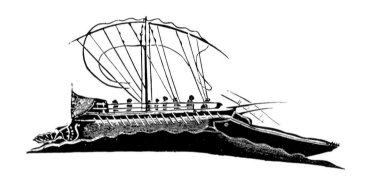

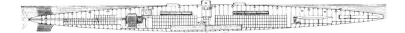

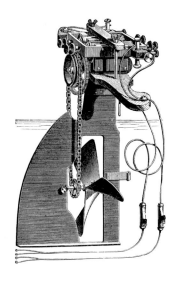

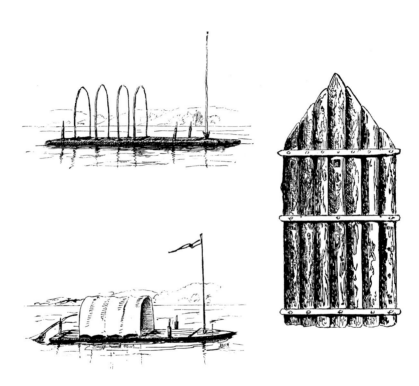

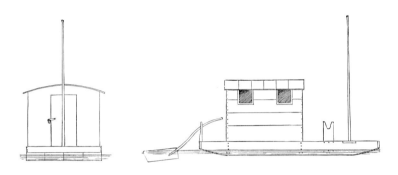

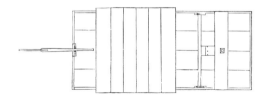

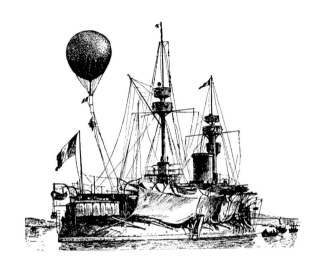

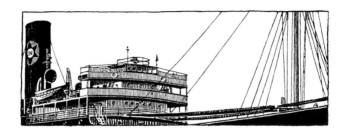

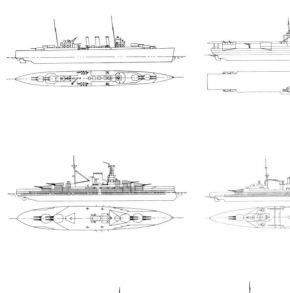

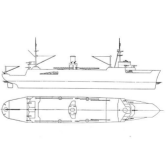

41

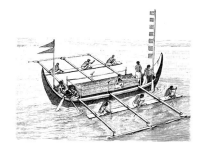

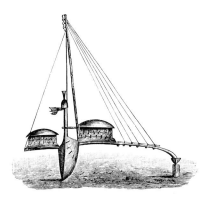

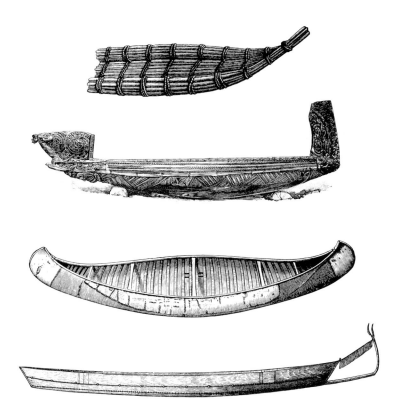

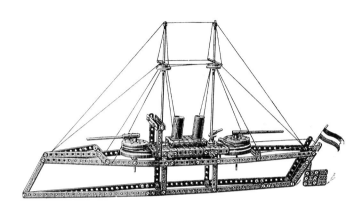

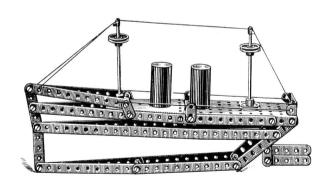

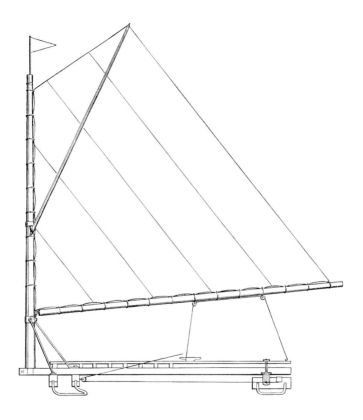

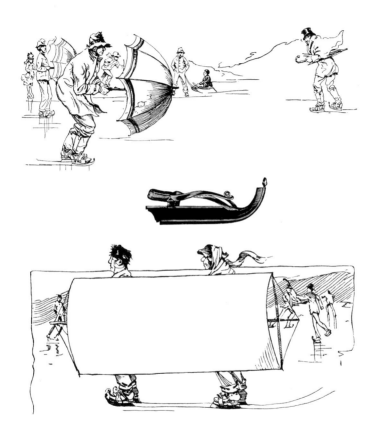

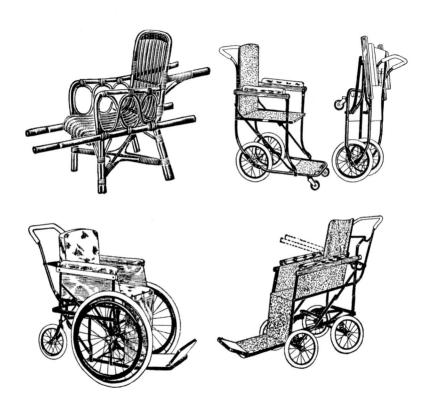

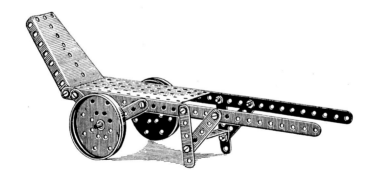

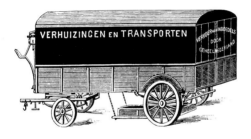

VERHUIZINGEN EN TRANSPORTEN

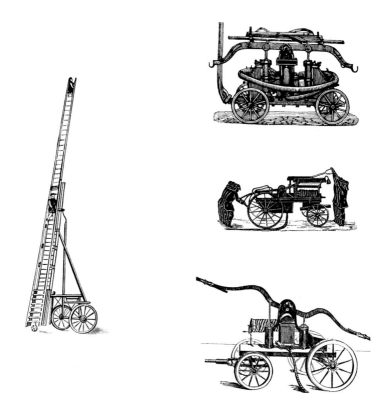

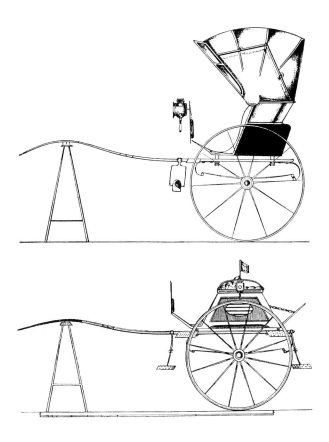

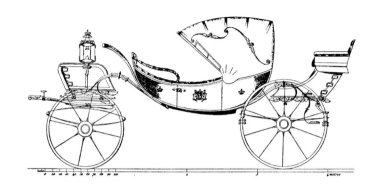

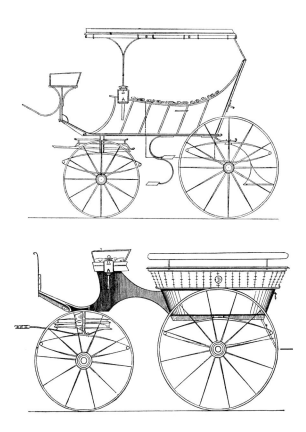

115

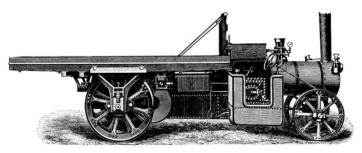

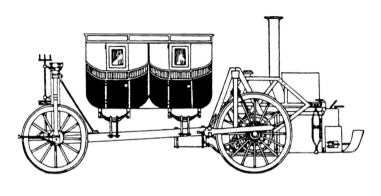

141

POSTES ET TÉLÉGRAPHES

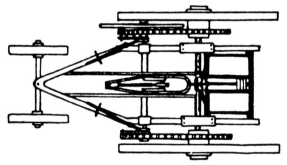

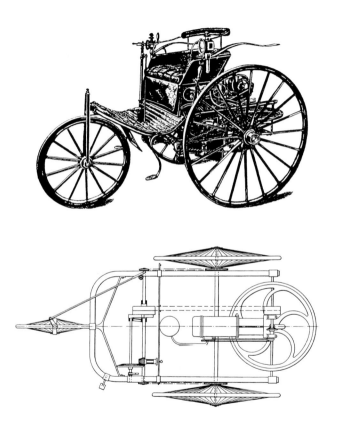

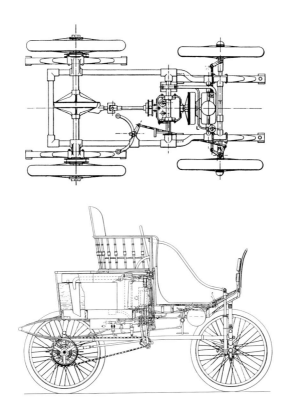

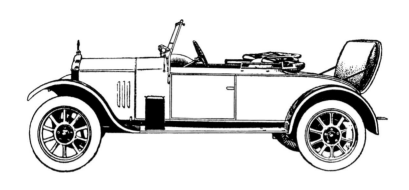

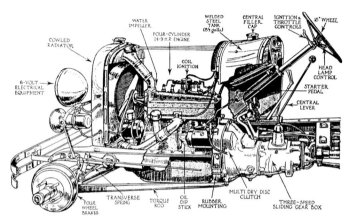

WATER IMPELLER

WELDED STEEL TANK (8½ galls.)

CENTRAL FILLER CAP

IGNITION & THROTTLE CONTROLS

18" WHEEL

FOUR-CYLINDER 14·9 H.P. ENGINE

COWLED RADIATOR

COIL IGNITION

HEAD LAMP CONTROL

6-VOLT ELECTRICAL EQUIPMENT

STARTER PEDAL

CENTRAL LEVER

MULTI DRY DISC CLUTCH

FOUR WHEEL BRAKES

TRANSVERSE SPRING

TORQUE ROD

OIL DIP STICK

RUBBER MOUNTING

THREE-SPEED SLIDING GEAR BOX

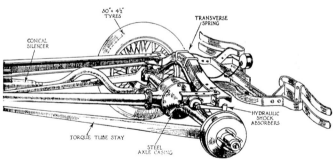

60" × 4½" TYRES

TRANSVERSE SPRING

CONICAL SILENCER

HYDRAULIC SHOCK ABSORBERS

TORQUE TUBE STAY

STEEL AXLE CASING

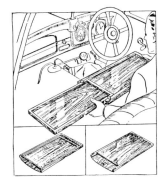

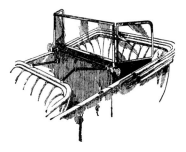

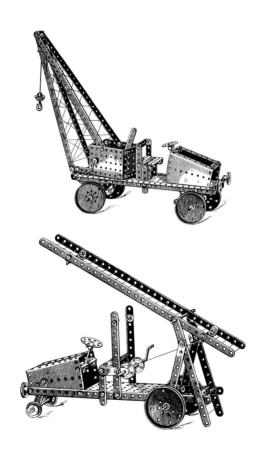

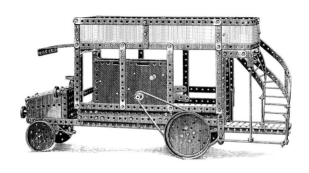

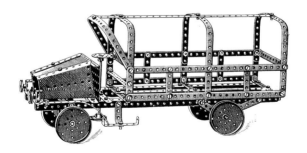

165

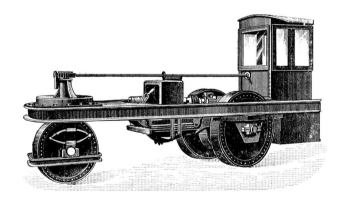

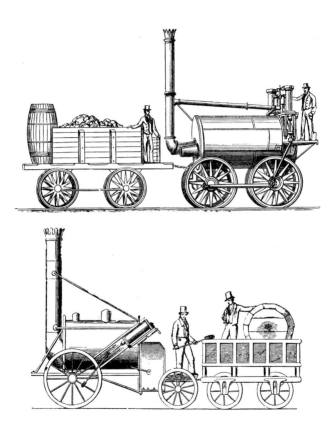

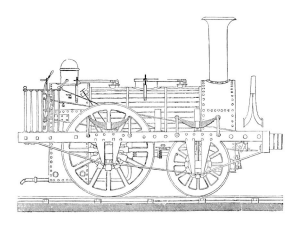

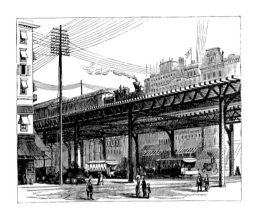

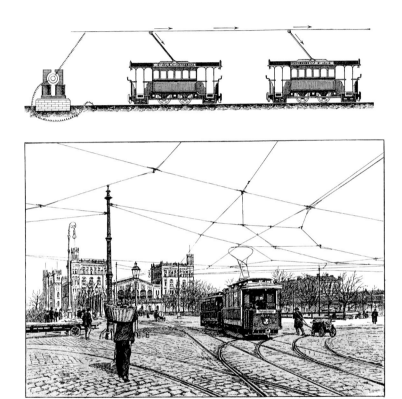

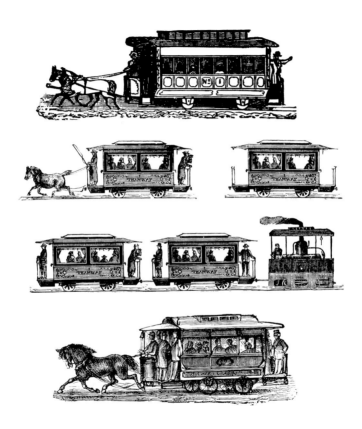

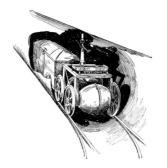

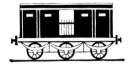

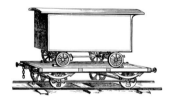

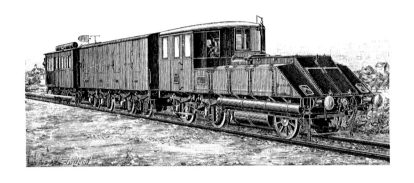

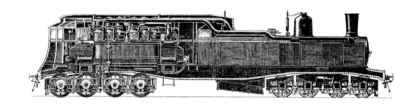

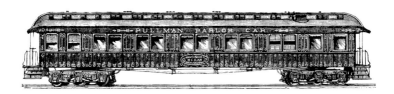

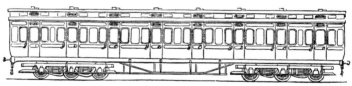

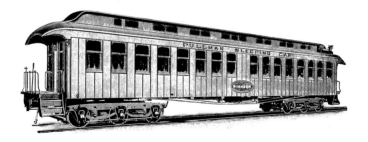

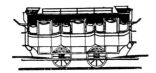

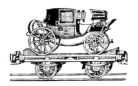

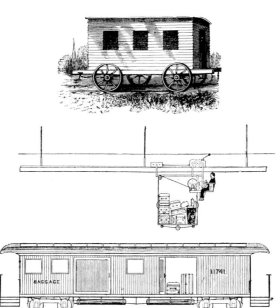

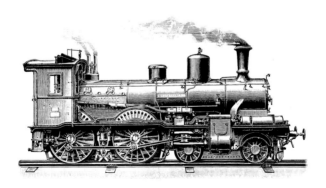

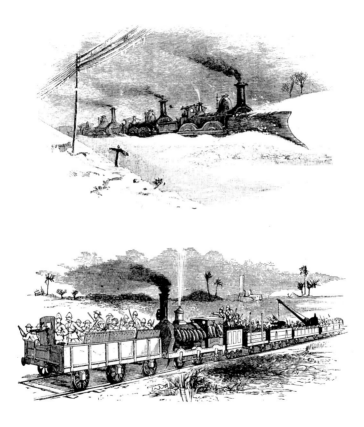

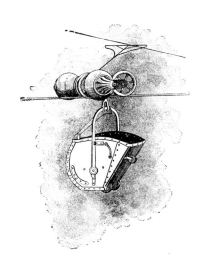

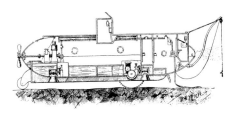

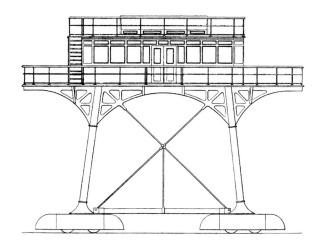

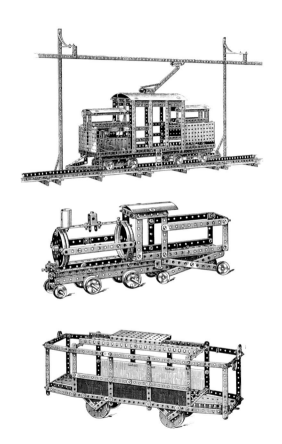

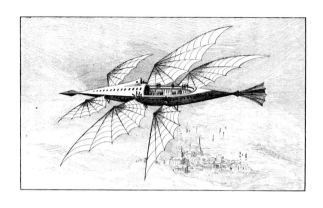

207

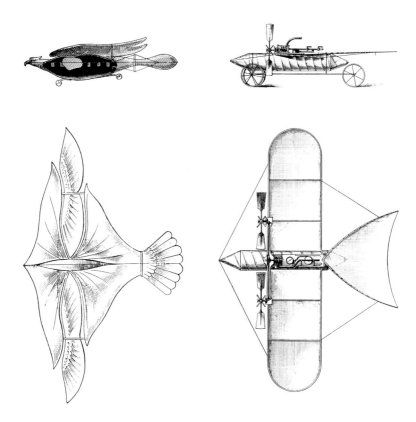

209

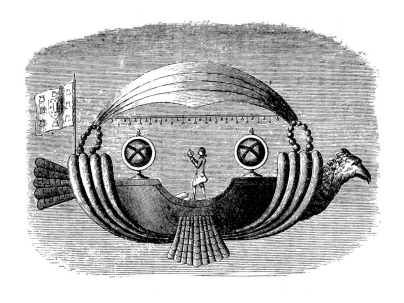

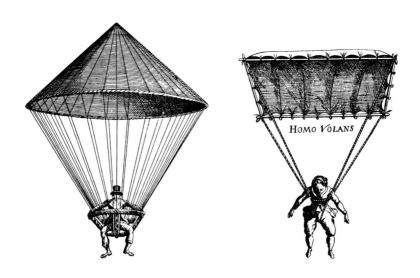

HOMO VOLANS

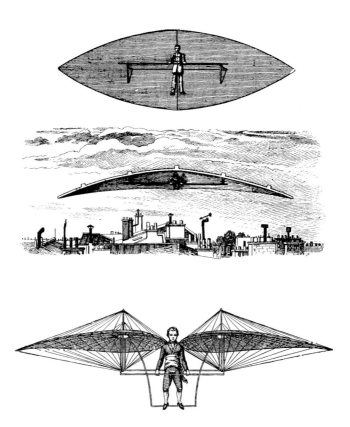

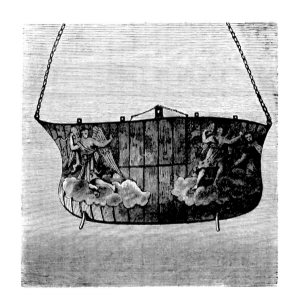

214

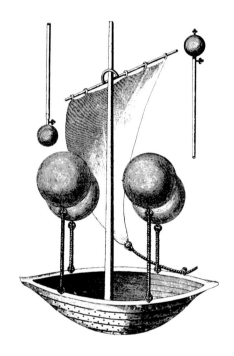

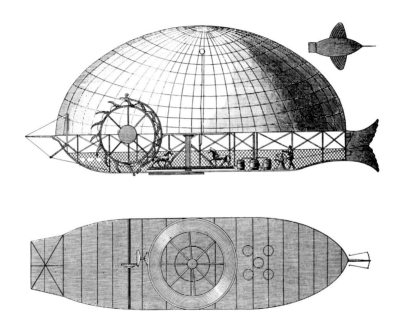

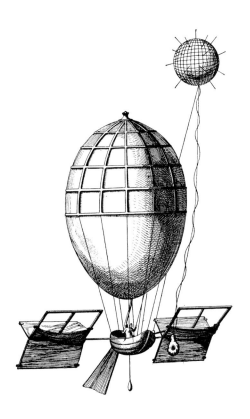

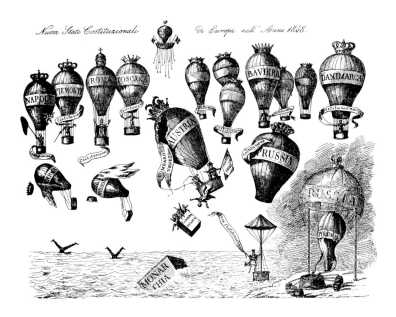

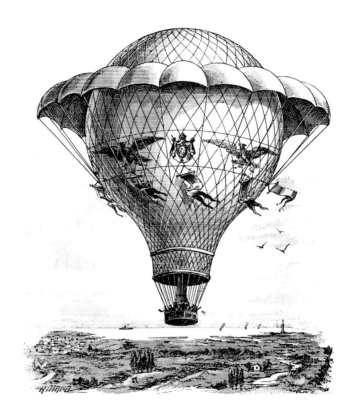

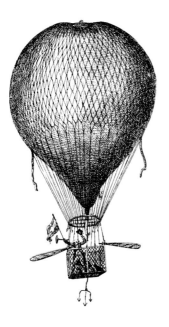

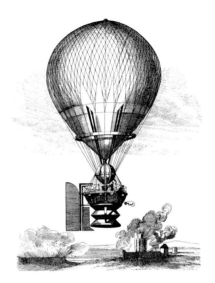

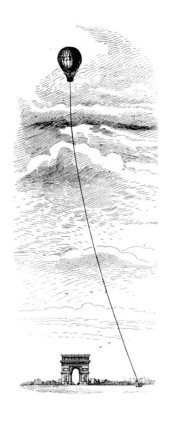

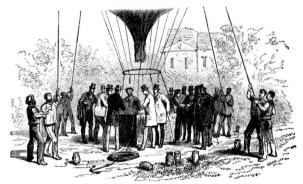

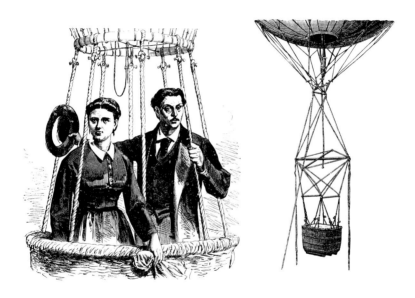

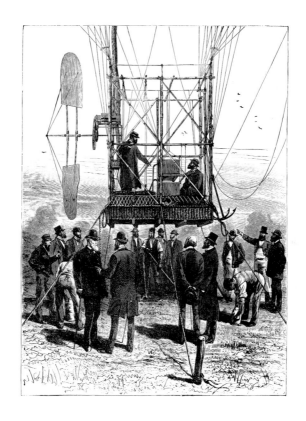

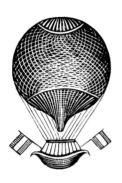

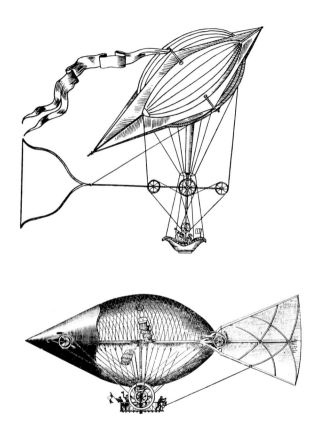

241

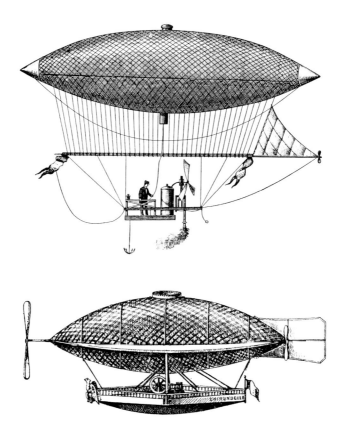

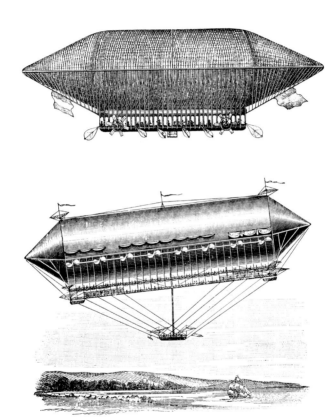

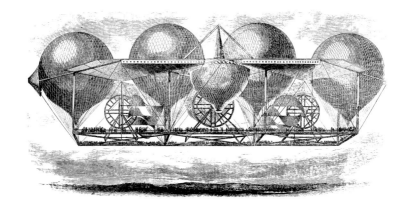

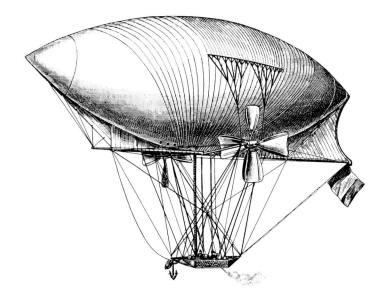

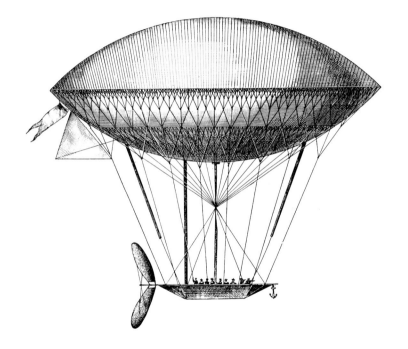

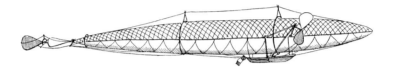

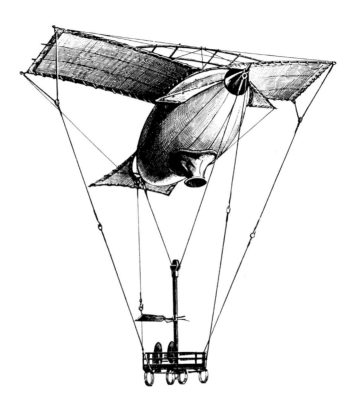

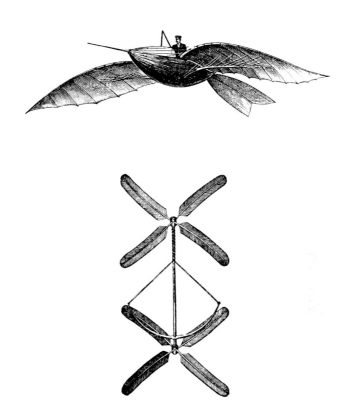

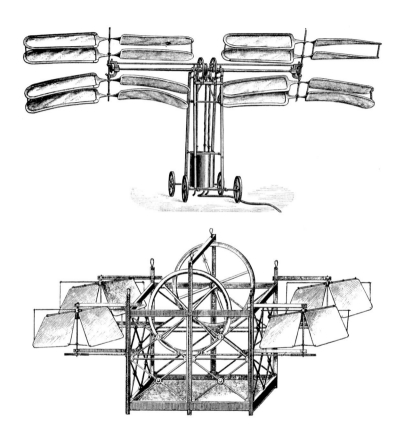

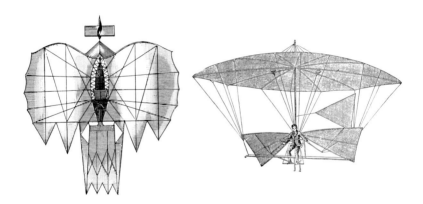

254

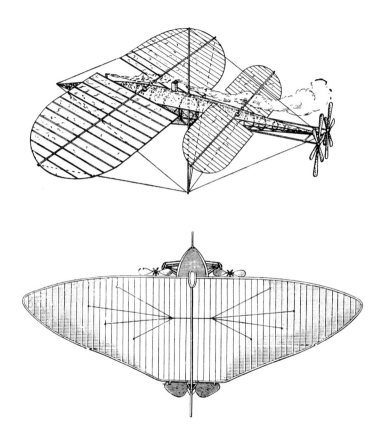

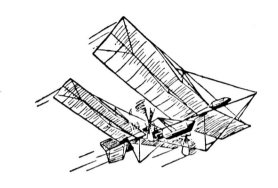

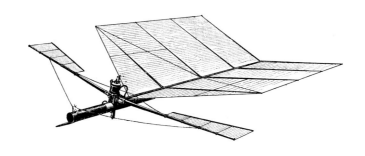

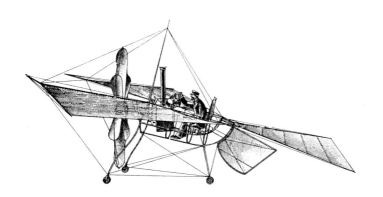

257

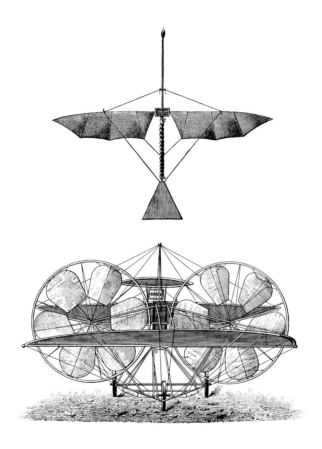

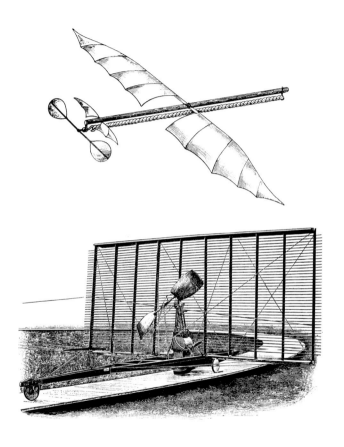

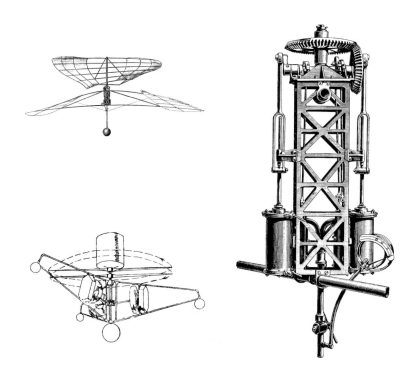

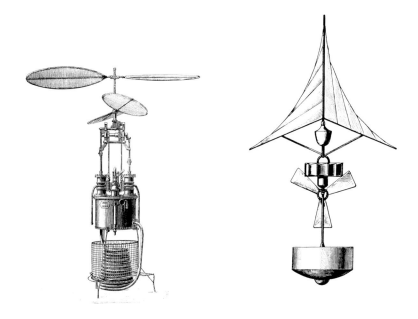

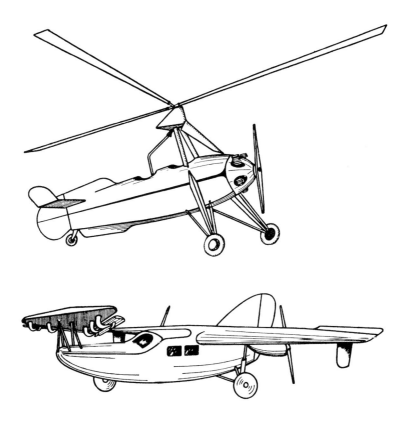

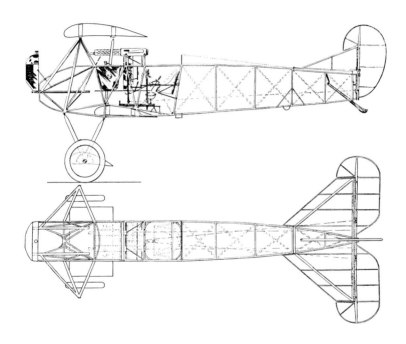

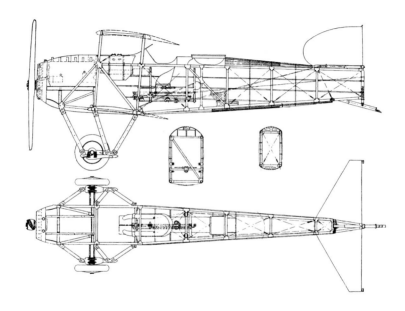

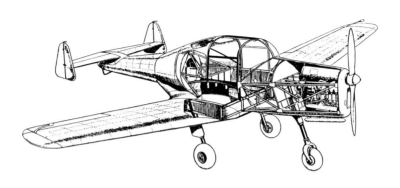

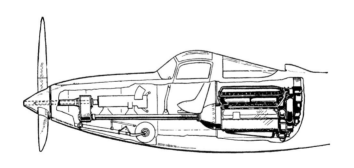

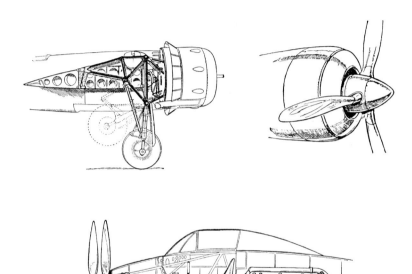

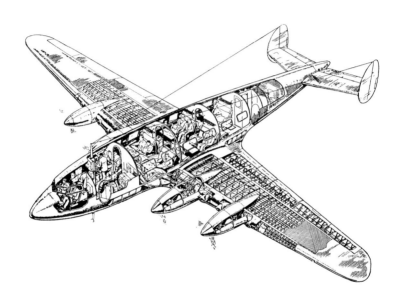

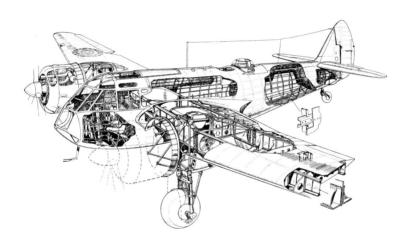

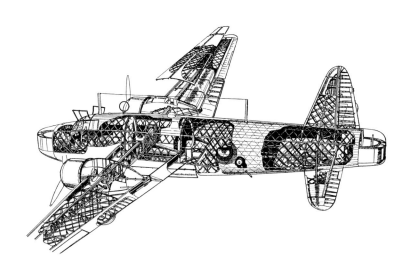

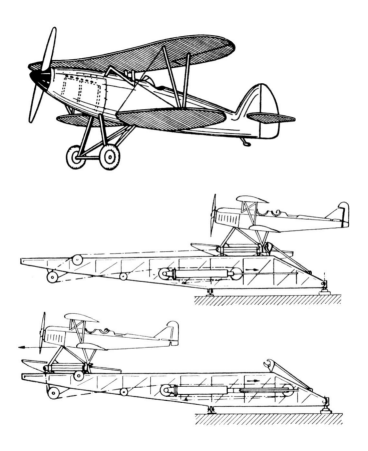

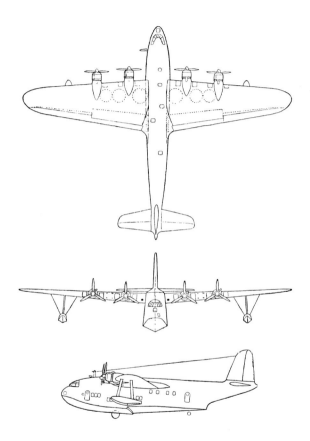

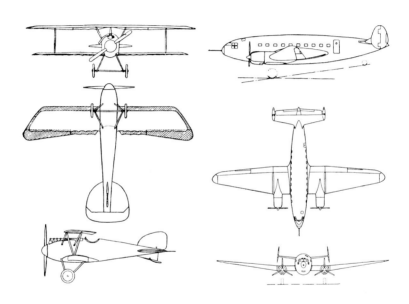

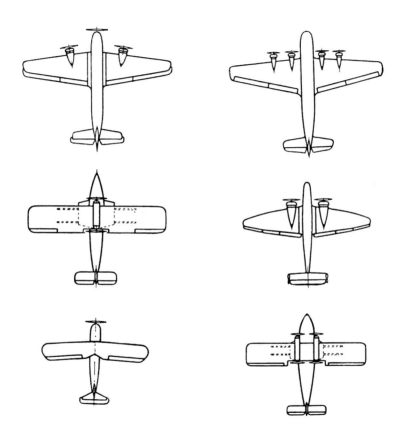

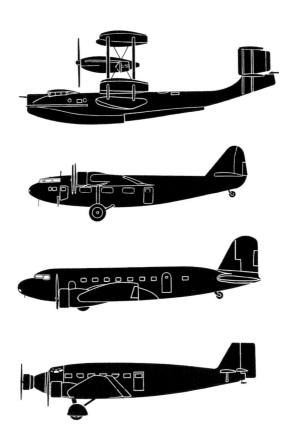

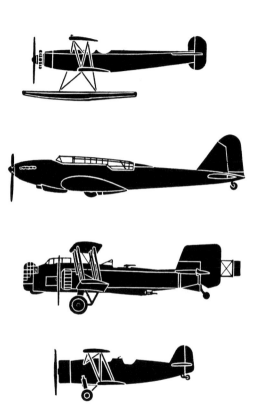

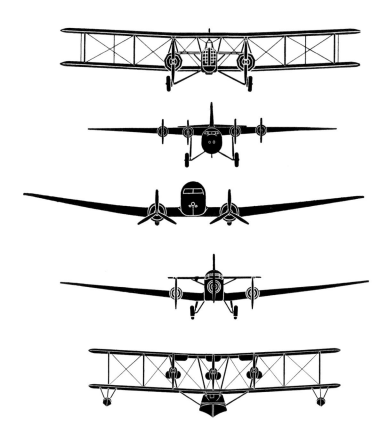

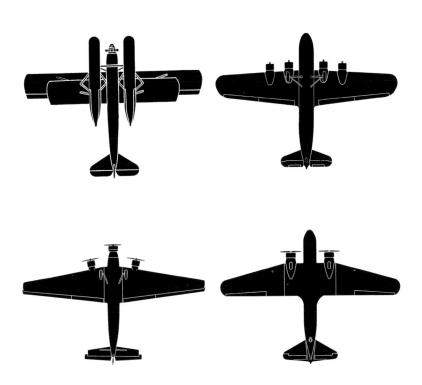

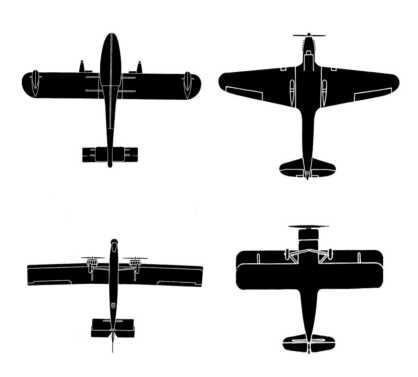

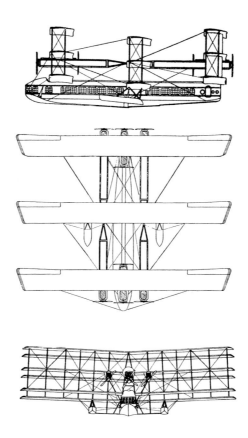

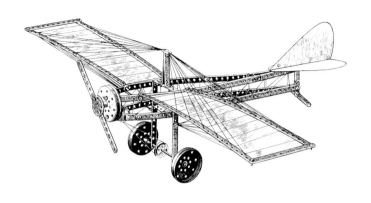

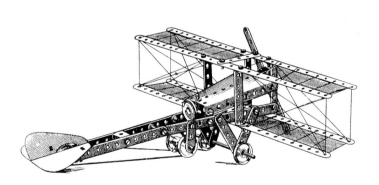

Other books with free CD-ROM by Agile Rabbit Editions:

ISBN 90 5768 004 1   Batik Patterns

ISBN 90 5768 006 8   Chinese Patterns

ISBN 90 5768 001 7   1000 Decorated Initials

ISBN 90 5768 005 x   Floral Patterns

ISBN 90 5768 003 3   Graphic Frames

ISBN 90 5768 007 6   Images of The Human Body

ISBN 90 5768 008 4   Sports Pictures

Copyright for this edition © 1999 Pepin van Roojen

ISBN 90 5768 002 5

A catalogue record for this book is available from the publishers
and from the Dutch Royal Library, The Hague

This book is edited, designed and produced by Agile Rabbit Editions
Design: Joost Hölscher
Copy-editing introduction: Andrew May
Translations: Sebastian Viebahn (German); LocTeam (Spanish);
Anne Loescher (French); Luciano Borelli (Italian);
Mitaka (Chinese and Japanese)

Printed in Singapore